AF604160

Ana María Merino del Castillo

AMANECERES

DE LUZ

Título original:

AMANECERES DE LUZ

Cubierta; Paisaje
(Óleo de Morgan /Víctor Manuel)

Primera edición: Otoño 2007

Segunda edición: Otoño 2022

Amazon.es

I.S.B.N.: 9798846488090

ÍNDICE

AGRADECIMIENTOS

Agradezco la realización de este libro a:

Un *Curso de Milagros* de Helen Schucman y William Thetford que me abrió tantas puertas...

A mi amigo Víctor Manuel que tanta dedicación y amor ha puesto para que estos poemas vieran la luz…

A todos aquellos "Maestros" que me aportaron su luz...

A los que me apoyaron y me siguen apoyando...

A los que no lo hicieron...

A todos, sin excluir a nadie, mi gratitud y el deseo ferviente de que estos poemas escritos desde lo más profundo de mi alma y de mis sentimientos, despierten en ellos tanto amor, tanta paz y tanta luz como a mí me han producido el escribirlos y ofrecérselos a quienes los deseen disfrutar.

A mis queridos hijos Manuel y Vicente.

Ana María Merino del Castillo

PRESENTACIÓN

Estimado/a lector/a:

Tengo el gusto de ofrecerte este ramillete de 64 poemas de conocimiento interno y profundo.

Cada uno de ellos desprende la sabiduría que todos llevamos implícita en nuestro Ser y que aflora en el momento preciso para nuestro entendimiento y mejor comprensión.

Son como llaves que abren puertas que, al acceder por ellas, nos hacen penetrar en esa gran aventura deseada para llegar a la felicidad plena.

En esa deseada apertura, al entrar por esas puertas que describen estos poemas, desde nuestro corazón de amor y luz, obtendremos valiosos instrumentos que, a modo de sutiles mecanismos, nos ayudarán a desprendernos de las viejas creencias y a comenzar, desde ahí, una vida nueva… en un mundo nuevo para nosotros.

Mi deseo es que también tú, al igual que yo lo conseguí, anheles abrirte a esas maravillas y las puedas saborear… en amor, paz y luz.

1 - PEREGRINO CAMINANTE

Peregrino caminante, ¿qué buscas?

Busco al Ser, a lo Eterno.

¿Afuera... en la superficie?

No has de encontrarlo.

Ahí sólo hallarás culpa, dolor y sufrimiento.

Entonces... ¿qué he de hacer?

Mira en tu interior, en tu preciado y dorado Centro.

Ahí encontrarás tu magnífico tesoro…

Tú posees la llave…

Abre y penetra en el aposento…

Te espera el Ser…

En lo más profundo del adentro.

2 - EL GRAN ESPÍRITU

EL GRAN ESPÍRITU...
EL RESPLANDECIENTE SOL...
que brilla en lo más alto,
irradia todo su Amor y su grandiosa Luz
con sus siete magníficos Rayos...
rojo, amarillo, verde, azul,
violeta, blanco y anaranjado.
Expandiéndose...
Desplegándose...
Derramando su incomparable belleza
a un fantástico, maravilloso y riquísimo tapiz,
un magnífico vergel...
de valor incalculable e ilimitado…

Infinitas formas y colores aparecen, mágicamente,
mostrando un Universo regalado...
Todo son joyas, brillantes de auténtica luz...
Hermosos haces que la Gran Luz desparrama
con un diferente, continuo y sutil canto…

Músicas celestiales, preciosas sintonías,
armoniosas melodías...
que surgen de un Dios enamorado...

3 - LA CREACIÓN

Desde lo no manifestado
surge el primer plano.
Un estado de Dios,
el mundo más sutil y más lejano.

Es el Espíritu...
El Todo, el Uno,
El Brillante reluciente,
El Fuego ardiente,
La Causa primera,
El Potencial infinito,
El mundo de los Arquetipos,
En donde todo está,
De donde todo nace,
El Principio de Energía,
El Sol Naciente…

Ese poderoso brillante,
emanando, sin cesar,
regala e irradia sus cristalinas chispas
por doquier,
surgiendo, en esa expansión, otros planos
a medida que se alejan del Centro,
menos abstractos y más concretos
hasta llegar a ser materializados.

4 - EL GRAN TEATRO

Al amanecer,
un gallo te avisa,
te anuncia ya la mañana.

Un despertar a la Luz,
que solita ya se marcha.

Y la Obra de Teatro comienza,
el telón ya se levanta.

Aparentemente,
ha descansado en la noche
y se despierta en el alba.

Y cada criatura humana
sigue la representación,
interpreta su papel
que la función le reclama.

Y marcha el teatro en vivo
y la ilusión los atrapa.

Ni los actores despiertan
ni saben que es una farsa.

5 - LA ESCALERA

El proceso evolutivo es
una empinada
y arriesgada pero preciosa escalera
que, comenzando en el claustro materno,
y, pasando por parvulitos,
llega hasta la pubertad, la adolescencia, la
juventud, la madurez y la vejez,
en la ignorancia más profunda
y en la mayor inocencia...

Hay que subir y madurar,
peldaño a peldaño,
paso a paso, con atención,
con voluntad,
con conciencia
y observar, ver y comprender
viviendo, en cada nuevo escalón
que asciendes hacia la meta,
la experiencia que presenta.

Tu carga se hará más ligera...
cuando "veas" que todas tus experiencias
responden a una necesidad de tu alma,
como oportunidades para ayudarte a despertar
y así subir, escalón tras escalón,
hasta llegar a tu meta.

6 - VUELTAS Y VUELTAS

En lo más profundo de una cueva,
permanecemos,
dando vueltas y más vueltas,
abandonados, desamparados, perdidos,
entre oscuras y tenebrosas sombras,
navegando por confusos y peligrosos mares,
de abismos y tempestades,
con la barca siempre inclinada a la deriva,
y la mochila sobrecargada,
con la pesada cruz a cuestas,
fruto de las creencias y la ignorancia,
cargados de infinitas culpas,
creyendo necesario el dolor y el sufrimiento...
para que Dios nos perdone
por haberle desobedecido,
y así regresar a Casa.

Manipulados, cual muñecos de trapo,
de acá para allá,
nuestra razón, dirigida por el Ego,
lleva el timón, sin “darnos cuenta”
de la mentira… de la trampa.

Hay que salir a la luz, para observar la oscuridad.

Ver la cueva, la obra de teatro,
el papel en la función,
el Ego,
la cruz y el mecanismo para desarmarla...

Dejar el timón en Otras Manos...
Y, desde ahí...
navegar por amplios mares...
soltar amarras.

Así la barca se equilibrará...
y permanecerá calmada.

7 - EL EGO

Perdido en el mar de la incomprensión y el desamparo,
el Ego que fabricaste en el olvido,
a modo de defectos psicológicos,
contigo fielmente colabora.

Sin que tú seas consciente de ello,
desde que pusiste los pies en la Tierra,
ese Ego, a modo de agregados psíquicos,
lujuria, soberbia, avaricia, envidia, ira, gula y pereza,
muy sutilmente se fue haciendo cargo de tu vida,
te manipula, te domina y te controla.

Todo ello fue preciso y necesario en el pasado,
necesitabas anclajes para poder sobrevivir
en las eras del desierto de la Tierra,
y, ante ese reclamo, él apareció en el momento
para traerte su oscuridad con su presencia.

Ese mecanismo inconsciente actuó y actúa
como un escudo, un engaño, una defensa,
para que seas su esclavo y no salgas de la cárcel
que, en el olvido, construyó tu inocencia.

Ahora has de "comprender" el mecanismo
y llevarlo, plenamente, a tu conciencia.

Has de iluminar, para siempre, a ese Ego,
fiel colaborador en la función,
en cuyas "complicadas manos"
pusiste tu vida en su asistencia.
Has de darle las gracias, despedirlo y...
transcenderlo,
ya que durante mucho tiempo,
llevó el timón de tu vida, trayéndote
mucho dolor y sufrimiento.

Has de decidirte, de una vez por todas,
a saltar al abismo del vacío renaciente,
y, así, cambiar el rumbo de tu barca
hacia horizontes de amor...
resplandecientes.

Si conoces Tu Identidad,
todo comienza a desvanecerse...
Tú eres el Hijo de la Luz,
creado totalmente libre e inocente.

¿Quieres ya encender esa antorcha
en la niebla que te envuelve?

8 - CULPA

No te sientas culpable
de los hechos del pasado…

Fue la oscuridad, las sombras,
la ceguera...
las que marcaron tu camino
y el mío
y el de todos,
peregrinos errantes y extraviados…

Pero siempre,
con la aspiración más profunda
la de encontrar la luz en el ocaso.

Que no te preocupe nada
todo es un profundo sueño
y dentro de ese sueño... estás soñando.

Sólo despertando
al amanecer, al alba,
cuando el sol esté despuntando
podremos "ver",

salir de la tremenda pesadilla,
con amor, dulzura, armonía y mucha paz...
perdonarnos y así poder reconciliarnos.

9 - LA SOMBRA

Tú, mi potente SOMBRA,
parte oscura y no abrazada,
aún vives
en las profundidades más ocultas
en el fantástico inconsciente
del Gran Océano de mi Alma.

Mi corazón
recordaba tu existencia,
pero yo te dejé,
por un tiempo material,
abandonada y tristemente olvidada.

No quise verte.
ni oírte,
ni hablarte, ni saber de ti,
ni retenerte en el día,
ni en la noche de mis sueños,
ni siquiera en mi mirada,
sin ser consciente que al alejarte
con más fuerza te acercabas.

Hoy, por fin,
quiero escucharte

para comprenderme,
y comprenderme para aceptarme,
aceptarme para respetarme,
y respetarme...
para amarme.

Sé
que, al llegar la LUZ a la Conciencia,
disuelve la niebla elaborada,
y todo LO OSCURO se transforma
en Fuego y transparencia
en EL GRAN OCÉANO DE MI ALMA.

10 - EL ESPEJO Y SU REFLEJO

Miles de espejos te rodean.
Tu entorno no existe, sólo espejos son.
Toda la vida es un feliz o triste sueño.
Todo es la más pura ilusión.

Todo es y no es, al mismo tiempo.
Todo es un reflejo en el espejo,
que procede de ti,
y regresa a ti...
según tu estado del momento.

El espejo puede estar sucio,
cubierto de telarañas,
oscurecido, parcial o totalmente
de ira, lujuria, envidia, soberbia,
avaricia, gula, pereza, egoísmo, odio
y... hasta de muerte.

Y todas esas impurezas de la mente del Ego,
o individualidad han de resolverse,
para que el cristal, donde te mires,
se vuelva limpio, puro, cristalino y transparente.

Así, sanando completamente tu visión,
adquirirás el conocimiento verdadero
y el espejo quedará muy reluciente.

Y en su transparencia...
sólo verás...
Amor resplandeciente.

Tú eres poder. Tú eres fuerza.
Tú eres amor. Tú eres fiesta.
Tú posees en tu interior un precioso cofre,
un magnífico tesoro, profundamente
escondido, oculto.

Búscalo por los más recónditos rincones
de tu Ser,
ya que el Padre-Madre Divino te lo
dejó...
de herencia.

11 - LA MÁSCARA

Una máscara ¿qué es?
lo que despista tal vez,
lo que aprisiona, lo que ata,
lo que atrapa...
lo que "ves".

Pero más allá de ella,
en el fondo tiene UN SER,
una chispa que ilumina, que te atrae,
que te llena, que "no ves".

EL ESPÍRITU DE DIOS
es ciertamente ESE SER,
que a todos nos pertenece,
nos ayuda, nos protege
y nos consuela a la vez.

Una máscara ¿qué es?,
algo que tenemos fuera
y que nos impide "ver"
a la luz que llevamos dentro
a lo REAL... a NUESTRO SER.

12 - LA CÁRCEL DE ORO

El alma permanece prisionera
en una oscura cárcel de oro,
entre fuertes barrotes físicos, mentales, vitales...
de ignorancia y creencias falsas e inexistentes.

Nada fluye... nada vibra,
todo permanece estancado
en un tenebroso sueño...
y duerme profundamente.
Nada ríe... todo llora
en el pozo inexistente.

Su contenido son sombras,
niebla, polvo, humo,
que "al verlos" desaparecen.

El alma aguarda pacientemente...
entre tormentos, de culpa, de sufrimiento, de dolor
y hasta... de muerte,
esperando ser rescatada de esa ilusión envolvente.

Es urgente, se hace preciso y necesario,
romper, para siempre, las cadenas de la mente.

Así el alma
podrá liberarse de ese estado de esclavitud,
Y, al encontrar la salida del laberinto,
trascender
hacia la parte emergente.

Allí reside la poderosa luz
que, en contacto con las sombras,
todo lo deja iluminado...
y la ignorancia se esfuma.

13 - JUZGAR

Si juzgas... serás juzgado.

Tú, como otro ser humano, en el olvido,
empezaste desde la más profunda oscuridad.

Al haber avanzado en el camino, comprendes,
miras hacia atrás y ves al otro...
que camina unos pasitos más atrás...

Si juzgas... aún te queda por "ver" y no "mirar".
Cuando ves...
toleras, aceptas, asumes, integras y amas,
porque "ves" con claridad.

Una tortuga no es ciertamente un águila,
pero ella también, si así lo decide,
con paciencia, conseguirá la libertad.

14 - LAS DEFENSAS

Las defensas ¿para qué?
si yo no estoy separado,
si comprendo
que cada ser humano
está en un punto del camino,
¿De quién y para qué me voy a defender?

Mirar más allá del reflejo
es la nueva manera de "Ver".

Trascender es cambiar al comprenderte.

Perdonarte es reconocerte.

Todos somos Uno, completamente unidos...
a la Fuerza y al Poder.

Y, desde ahí, hacerlo todo
decidiendo sólo ÉL...

15 - ¿QUÉ ES LA LIBERTAD?

La libertad es... la verdad, es... conciencia.
Es salir del estado de esclavitud de la mente egoica...
Es quitar los velos...
Es romper los muros...
Es atravesar las sombras...
Que sólo están en tu mente…

Es vivir en la conciencia del ser pleno...
En el momento presente... en “el aquí y el ahora”...
Sin condicionamientos pasados...
Ni expectativas futuras…

Vacío de todo concepto...
Vacío de toda forma…

Es ser dueño absoluto de tu cuerpo físico, trascender tus emociones y los caprichos de tu mente...

Es... experiencia en el silencio y en la soledad...
Es ver la unidad de todo con todo...
Y, desde ahí, vivir, la oportunidad regalada,
con gozo en el disfrute de estar vivo…

Rompe, por tanto, las cadenas que te atan,
conseguirás la libertad de ser tú mismo.
Y, desde ahí, podrás salir de la prisión
que construiste,
dejarás de ser esclavo de ti mismo,
y gozarás de la fabulosa herencia del destino.

Vivir para vivir es lo precioso,
"Volar" para que, desde arriba, puedas "Ver",
y sentir la absoluta libertad...
de ser tú mismo.

16 - EL LIBRE ALBEDRÍO

Se te dio el libre albedrío
para que tú decidieras.
¿Qué has de decidir?
Tu estado de conciencia.

TODO ES CONCIENCIA.
TODO ESTÁ EN TI...
TU POTENCIAL ES INFINITO...
Tú tienes acceso a lo que quieras.

Conoces que la proyección
es un engaño del Ego,
un reflejo distorsionado en el espejo
que implica separación
y, también en ti, carencia.

Ya sabes que lo tienes todo...
Al descubrirlo...
ante la encrucijada de la duda,
dos caminos se presentan.

Tienes la opción de elegir.
Al llevarlo a la práctica... actúas.
Al actuar, en vez de proyectar... creas.

Lo desechado cae, para no volver
al vacío del abismo.

Con lo elegido... una nueva vida se presenta.

Deseas,
consciente y voluntariamente,
tomar un nuevo rumbo...
hacia las playas más bellas.

17 - UN SUEÑO

Estoy en un profundo sueño
y proyecto... desde ahí
todo lo que siento adentro,
fruto de mi mundo interno.

Veo lo que quiero ver,
oigo lo que quiero oír,
nadie externo me ha influido,
todo lo que veo u oigo... es mío.

No es lo mismo “ver” que “mirar”.
No es lo mismo “oír “que “escuchar”.
No es lo mismo “querer” que “amar”.

Todo lo que “miro” o “veo”,
lo que “oigo” o “escucho”,
lo que “quiero” o “amo”
depende de mí...
de mi estado actual.

18 - LA VIDA ES UN SUEÑO

La vida es un interminable sueño
donde el bello durmiente tiene pesadillas
de horror y desencanto.

Si conocieras la Verdad,
sabrías...
que dentro de ese sueño hay otro sueño
y que constantemente
en tu vida estás soñando.

Hay que despertar de todo el sueño
y encontrar "ESA LUZ"
que tú andas buscando,
has de abrir la puerta de tu alma
y atravesar el muro elaborado,
después...
ascender hacia la cumbre,
subir por la escalera,
dejando tu pasado
en la base del primer peldaño…

Tu corazón ha de ser puro,
transparente,
para que "SU LUZ" se expanda
y pueda iluminarlo.

Mágicamente se irá difumando,
como una nube arrastrada por el viento,
porque el Amor se encargará...
de realizar ESE MILAGRO.

19 - MIEDO DEL SUEÑO

¿Por qué me da miedo de la noche,
si la noche es una continuación del día?

De día, en vigilia... sueño.
De noche, cuando duermo... sueño.
Estoy durmiendo de día y de noche.
¿A qué tengo que temer?

Si despierto a la luz,
¿qué más da que sea soñando o durmiendo?
Después de todo,
si muero soñando ilusiones...
o muero soñando en el sueño...
DESPERTARÉ DE MI SUEÑO.

20 - LA CONCIENCIA

Por una decisión de sí misma
la conciencia-Alma
se ha dividido a sí misma,
en humana y Divina,
ha partido a la Unidad
y se ha polarizado.

Lo Divino
profundamente duerme...
entre sombras...
En su transición... ha olvidado.

Y lo humano ha comenzado a valorar,
a discernir, a juzgar,
desechando un polo
y viviendo en el otro...
sin ser consciente de su sombra,
ni del polo rechazado.

En su huida...
ignoró en la sombra,
surgió el desencanto,
se movió en la niebla,
reclamó su llanto.

Creyó ser libre...
Sufrió un gran engaño.
Las sombras le ahogaban en un triste llanto.

Por fin...
Se percató de su estado limitado.
Comenzó a ver la luz
y empezó su dulce canto.

Al ver... consiguió comprender.
Al comprender... aceptó, asumió, integró,
unió la luz con la oscuridad y...
fue amando.

21 - CONCIENCIA Y VOLUNTAD

La vida, en su fantástico escenario,
es una enredada y conflictiva función,
donde el ser humano, dormido, experimenta
sin voluntad y sin conciencia.

En cada escena, cuando el telón se levanta
podría existir la posibilidad de elegir lo mejor,
pero el sueño es tan profundo,
que no "nos damos cuenta"
de que somos controlados, manipulados y dirigidos
por los Egos, que llevan el timón y... las riendas.

Hay que... despertar del sueño,
dejar de huir,
actuar, comprometerte contigo mismo y,
auto-observarte desde lo alto...
como observador que observa lo observado,
con disposición, con voluntad y con conciencia.

Es fundamental que veas las trampas de tu mente,
es necesario mantener la lámpara encendida,
eso conlleva el estar en estado vigilante...
porque hay que descubrir al enemigo,

que quiere penetrar en ti y manejarte en cada
instante.

Hay que tener valor para cambiar,
y la paciencia del santo Job
para soportar los obstáculos que el camino te
presenta,
hay que entrar de lleno a luchar en la batalla,
para encontrarte
con todos los defectos psicológicos...
transcenderlos y liberar así la preciosa Esencia,
sabiendo, con certeza,
que la luz acabará con las tinieblas.

Pero, todo ello ha de llevarse a cabo,
además de con el compromiso,
la voluntad y la conciencia,
con perseverancia...
con alegría y con firmeza.

22 - ENTREGA AL AMOR

Al despertar de tu sueño,
¡menudo descanso te queda!
cuando abandonas "tus yoes" en la barca
y el río los arrastra y los lleva.

Vas ligero de equipaje
desde que hiciste la entrega,
tan sólo llevas contigo
el tesoro que posees
y que es tuyo por herencia.

Entregas todo a la Vida
que conoce ya tu meta.

Acaba tu sufrimiento,
ya no vas a la deriva,
ya sabes de dónde vienes
y también a dónde vas,
la barca...
sigue, navega,
tú te abandonas al río
y con mucha claridad
al Océano te lleva.

23 - EL DESPERTAR

DESPERTAR
Es descorrer el velo que te impide ver,
es vivir después de "morir",
es encontrar después de buscar,
es "hallar" para seguir buscando,
es estar y vivir... en libertad.

DESPERTAR
Es ahuyentar el miedo, la depresión,
el ataque, la ira, el desafío, la culpa,
la muerte...
Es trascender los conflictos de este mundo
que aparecen tantas veces…

DESPERTAR
Es autodescubrir tus máscaras,
paso a paso, sin correr,
para iluminar los Egos y sus trampas,
que te impidieron "crecer".

DESPERTAR
Es conocerte, comprenderte, aceptarte,
respetarte y hasta amarte…

Es encontrar a tu fantástico Ser de Luz
en tu corazón dormido.
Y, desde ahí... amar con el Amor Divino.

24 - HIJO DE LA LUZ... DESPIERTA

DEPIERTA, tú que duermes
ahí entre las tinieblas,
levántate de las sombras,
camina hacia la Luz que te ilumina,
que resplandece,
que renace...
que te alienta.

Eres Hijo de la Luz
cuando abandonas las tinieblas.
Esa es tu herencia más preciada.
ERES HIJO DE LA LUZ.
DESPIERTA
a la paz y al Amor,
a la armonía... a la fiesta.

Todo el Cielo se alegra contigo
porque ya esperaba tu vuelta.
Vive con alegría en ti,
porque EL ESPÍRITU SANTO no te deja...
ni EL PADRE, ni LA MADRE, se apartan de tu lado,
al contrario, celebran con júbilo tu vuelta.
EL HIJO que creyeron perdido,
al fin,
al atardecer... regresa.

25 - EL SUBCONSCIENTE

El subconsciente
aguarda su limpieza,
para que en el espejo que proyectas
sólo "veas" el perdón y la inocencia.

Entonces,
es que te habrás limpiado
de toda la basura y telarañas,
acumuladas del pasado.

Todo tu sótano interior,
se verá claro y transparente.
Tus espejos estarán relucientes.
Tu brillante interior irradiará resplandeciente.

Entonces,
El Gran Océano del alma,
aflorará a la superficie
fantásticos e increíbles tesoros...
con un brillo transparente.

26 - RENACER

Renacer es despertar y amanecer.

Es encontrar AL NIÑO en ti,
que siempre estuvo,
que siempre fue.

Tus señas de identidad.

Tu luz resplandeciente.

Tu paz…

Tu sol.

Tu Amor viviente…

Cuando renaces
"ves" una nueva vida,
donde todo fluye...
donde todo vibra...
donde todo respira...
donde la ESENCIA permanece,
donde la LUZ no se apaga...
donde la oscuridad se pierde.

27 - SED Y FUENTE

Si tienes sed, busca en tu interior.
Ahí está la fantástica Fuente,
el manantial que surge
del inacabable pozo de agua viva…
De allí emana, con mucho Amor,
para que tú la recibas…

Esa Fuente milagrosa,
rebosa de maravillas.
Sus aguas son...
portadoras de sonrisas,
brillantes de clara luz,
perlas auténticas, naturales,
diamantes muy relucientes,
esmeraldas cristalinas...
que se ofrecen a saciar tu sed
cuando tu corazón lo decida.

Y, como pleno manantial,
déjala fluir, fluir, fluir,
que refresque todo tu ser,
que te llene con su potente luz,
que te transmita su fuerza,

que te dé todo su Amor,
que te bañe de colores... de alegrías... de sonrisas.

28 - DESPRÉNDETE DE LO VIEJO

Despréndete de todos los daños, hábitos y
condicionamientos del pasado.
Hasta ahora, guiado por ellos, nada te fue bien.
Abandona, para siempre, todo "lo viejo e inútil"
que te esclaviza y te ata.

Conócete a ti mismo,
buscando en el origen de tu vida,
empieza, desde el fondo de la oscura cueva,
y, así, al verlo, comprenderlo y disolverlo,
la paz, la armonía y el amor han de volver.

Procura en este trabajo
ser contigo sincero, honesto y tolerante,
confía en ti, en tu intuición,
intenta verte claramente en el conflicto,
rompiendo el muro resistente,
construido en el ayer, porque,
separando el humo de la nube que lo envuelve,
los sacos con todo lo viejo, inútil y ajado,
serán arrojados de tu vida,
abandonando para siempre
"las venganzas" del ayer.

No juzgues a nadie, ni tampoco a nada.
Mira la inocencia en todo lo que puedas percibir,
en esta escena, aquí y ahora,
que la vida nos presenta,
todo fue preciso, necesario,
elegido y decidido en el ayer.

Todos somos...
víctimas inocentes de inocentes víctimas,
por tanto, a medida que vayas comprendiendo,
respeta, acepta, asume, integra y ama tu papel.

El auténtico perdón es la misteriosa llave
que te abrirá, completamente, la puerta del milagro
curando la visión distorsionada del ayer.

29 - APEGOS

Abandona los apegos,
¡límpialos!
y devuélvelos al Ego.

Elimina la tensión
que entorpece tu caminar.
¡Desnúdala!
Despójala de todas las vestiduras ilusorias,
que la vida te presenta.

Relájate, suelta…

Busca lo que la ilusión te trae
para que,
despojándola de sus sombras...
sólo “VEAS”.

¿VER qué?

LA SEMILLA,
que latente... espera.

VER
viendo LA ESENCIA…
al SER, a la LUZ, al AMOR,
a la Chispa del Fuego,
que del FUEGO... llega.
Al CORAZÓN de LUZ,
que la Luz... ya te regala y te presenta.

Esa es
LA ÚNICA VERDAD,
lo demás son
percepciones distorsionadas,
defensas que se interponen y
te alejan de tu meta.

30 - DESEOS

Cuando un deseo aparece
ha nacido de un apego.
Del subconsciente ha emanado.
Es el Ego quien lleva el timón
para seguir controlando…

Lo presenta tan sutil, tan real,
precioso y enmascarado,
que te enredas en su trampa,
sin ser consciente de ella,
y es que estás muy engañado…

Y todas las horas, días y noches
que la Vida te regala,
pon el timón de tu barca...
a Tu Mismidad o Yo Superior,
que de ti no se separa.

Haciendo Su Voluntad...
dejarás todo el atrás,
olvidarás el pasado,
y así...
te irás liberando.

31 - RAÍCES

Busca el amor en lo más profundo...
en tus auténticas raíces...
Encuéntralo en la forma sin forma...
donde vibra desde siempre la verdad y la vida.

Dentro de ti una llamita, muy sutil, arde...
aguardando a ser alimentada, reactivada.

El ser en ti... es amor,
Amor puro e inocente...

¿Quién es la inocencia sino tú?
¿Quién es la pureza sino tú?
¿Quién es la alegría sino tú?
¿Quién es el camino sino tú?
¿Quién es la verdad sino tú?
¿Quién es el amor sino tú?

El corazón de luz... es tu corazón...
Donde se esconde tu precioso tesoro.
Tú eres amor.

Lo demás sólo son inexistentes formas
en un ilusorio mundo de sueños.

32 - UN RAYITO DE LUZ

Tú eres un rayito de luz
procedente del Gran Sol,
adherido a un pensamiento limitado
que cree estar del resto, desconectado y separado.

Pero tú,
que eres TODO,
porque del TODO procedes,
necesitas de la TOTALIDAD
para tener significado.

Y al despertar de tu sueño
y comprenderlo
ayudar a otros que vagan por el polvo
solos y asustados.

Y ofrecerles
un puerto, un oasis,
un jardín, un refugio, una luz,
un hogar inmaculado.

33 - EN LA LUZ

En la Luz... vives,
te mueves y eres...
sin ser consciente
de que vas dirigido desde ella,
desde que naces hasta que mueres.

Todo responde a un fabuloso Plan,
que Dios pone en movimiento,
para que un día
descubras en tu interior
el tesoro que posees.

La Luz aguarda
en un precioso cofre escondido
dentro de tu corazón,
del que tú posees la llave,
cuando decidas abrirlo.

Con toda la conciencia y la voluntad
en "el aquí y el ahora"
y, vigilancia constante,
comprenderás la Verdad,
de acuerdo a la necesidad
que tu alma así reclame.

34 - LA LUZ

LA LUZ es VIDA que da vida
a un corazón roto
de un pasado oscuro por el llanto.

Ahora ESA LUZ ya resplandece
al conocer que "Dios Mismo"
vive y perfuma
ese corazón enamorado.

Hoy el Cielo y la Tierra le sonríen
ayer vivió sin vivir
hoy renace en el encanto,
la magia ya guía su camino,
al atardecer,
cuando el sol derrite ya su llanto.

35 - CONOCIMIENTO OCULTO

Todo el conocimiento está oculto
en la Esencia de tu Alma,
aguarda,
que en el espejo en que te reflejas
sólo "VEAS AMOR"...

Y con Amor Incondicional
ayudes al extraviado peregrino,
que camina solo y asustado
e ignorante de que hace su camino.

Volverá a ti todo ese Amor
transformado en AMOR DIVINO.

36 - EN EL TODO

En el TODO vivimos,
nos movemos y somos...
Existe una densa nube
donde el hombre dormido
se debate, con tremendas pesadillas,
en un profundo y tenebroso sueño.

Cegado por el humo,
no ve la realidad,
no sale de la pesadilla,
no capta el sueño.

Sobrevive sin vivir,
da vueltas en círculo,
vive en la ignorancia,
agarrado a las creencias,
sin salir del sueño.

Más nada es y todo es...
Para “despertar” para “ver”...
sólo es preciso un momento.
Para “despertar” para “ver”...
no hay edad,
ni espacio,
ni tiempo.

37 - TU POTENCIAL

Posees, dentro de ti,
en el vacío pleno, toda la abundancia.
En ti existen todas las posibilidades
y todas las realidades.
El Ego quiere hacerte creer lo contrario,
pero no lo escuches, ya que en tu interior,
todo lo tienes a tu alcance,
no hay carencia de nada.

Como en la cueva de Aladino,
en tu infinito Potencial hay un magnífico tesoro,
de maravillosos diamantes, rubíes y perlas,
aguardando a que lo utilices poderosamente,
cuando te lo creas y seas consciente de él,
en todos los momentos que la vida te presenta.

Eres la grandeza y, por ignorancia,
escogiste la pequeñez,
porque tu alma necesitaba vivir esa experiencia.

Ahora, al despertar, darte cuenta y comprender,
que posees la llave de toda esa riqueza,
Te sitúas ante esa maravillosa y fantástica puerta.

¿Qué has de hacer?

Tú sabrás.

Tienes la opción de elegir
y decidir lo que quieras,
o pequeñez o grandeza.

38 - NACER DE NUEVO AL ESPÍRITU

Es preciso Nacer de nuevo
al Fuego, al Espíritu Divino que
permanece esperando la decisión que afirma.

Él te ayudará, te sanará,
te devolverá a tu verdadero hogar,
cuando,
sobre las tumultuosas aguas y tempestades,
cogido de Su Mano, sin miedos ni temores,
cruces el famoso puente,
que te conducirá al Reino de los Cielos,
a la anunciada Tierra Prometida.

Se hace necesario "morir" para "vivir"
a los "Egos" que, en forma de defectos psicológicos,
manejan, manipulan y mecánicamente dirigen
nuestras vidas.

Es preciso desintegrar esa creación que,
hasta hoy, nos ayudó a permanecer en la inquietud,
en la angustia, en la tristeza,
el desamparo y la apatía.

Todo ello fue adecuado...
necesitamos anclajes, y llenarnos de cosas,
para poder sobrevivir en el desierto de la vida.

Ellos, los agregados, nos ayudaron,
pero hoy el ojo ve otra cosa
y el oído ya escucha la voz de la alegría...
Abrázalos pues y despídete de ellos,
con la gratitud que resulta de comprender su
adecuación en el Teatro de la vida.

Ahora es preciso, adecuado y necesario
quemarlo todo, cual rastrojo,
dejando la era pura y limpia...
Así germinará lo que el sembrador sembró...
la semillita...
que crecerá y crecerá con el abono del Amor
hasta convertirse en un gran campo donde resida el
Árbol de la Vida.

39 - ABRIR

El corazón abre sus ventanas del alma...
La mente, en su decisión, lo acompaña…

La sabiduría asoma llamando a su puerta
con un nuevo amanecer... ¿abrirás?

Con esa apertura renace el Amor,
conocimiento olvidado,
que permanecía latente y oculto...
esperando, pacientemente, su llamada.

40 - TÚ RESPIRAS

Tú respiras...
Dios te da un gran regalo: el aliento.
En Su abrazo, Él respira contigo...
y te ofrece todo su infinito amor en el intento.

Si tú así lo quieres...
puedes respirar y vivir.

Si no lo quieres...
Él te deja que cortes con su aliento…

Él... observa y te deja en libertad...
para que tú decidas y elijas
lo que deseas en el momento.

41 - SOBERANÍA

Tienes que salir de la esclavitud de la pequeñez
y has de alcanzar la libertad de la Grandeza...
la soberanía.

En tu maravilloso mundo interior...
tú eres el rey... y la reina.

Es tu opción el mantenerte donde estás,
o subir al trono de tu Ser
y ponerte la corona sobre tu cabeza.

Si eliges la Verdad
alcanzarás el gozo de la plenitud
y... conseguirás tu meta.

42 - EL RÍO

Estuve ahí, detenida, congelada,
en mi río andante,
esperando que las aguas volvieran a su cauce.

Como el río,
llevo sobre mí, el lastre de las vidas,
que arrastro, cargada de experiencias,
sin agobios del pasado
ni expectativas futuras,
camino en "el aquí y el ahora",
confiada en la luz y llena de esperanzas.

Como el río,
que cambiante está en su agua,
el pasado se fue a morir, a fundirse con su calma.

Una vez más
fui niña, adolescente, joven,
madura y quizá seré anciana,
separada sólo por la ilusión,
por las sombras que acompañan.

Como el río,
que es la música de la vida,

que me habla fascinada,
he dejado de luchar contra el destino,
que fue la razón de mi existencia
y el motivo de mis cargas.

En el río fui una barca, dirigida y maltratada.

Al "darme cuenta", abandoné el timón
en poderosas manos, en las Manos Divinas,
avanzando, no sin obstáculos, pero jubilosa,
sin deseos, sin apegos, sin expectativas,
entregada por completo a la corriente de mi alma,
aguardando la fusión con el mar...
y finalmente con el Océano...
que es mi meta más querida y deseada.

El río muestra su perfección,
a través de su caminar por su larga existencia,
hacia la eternidad de cada instante,
su "Esencia" va a fundirse con la Unidad,
todo él lo va anunciando en su caminar vibrante.

Todas las experiencias vividas fueron oportunas,
precisas, necesarias...
Nada pudo perjudicarme.

Los sucesos de mi vida
sólo ocurrieron para enseñarme.

¿Enseñarme qué?

Que todo se transforma.
Que nada muere.
Que el Ser permanece inalterable.
Que, como el río, todo vuelve a su cauce.

En el río, en su caminar hacia el océano,
entre piedras y piedras,
hay aguas que se congelan, que se estancan.

Es preciso, necesario, fundamental,
que se desencadene una fuerte tempestad
para que un gran impulso sobre ellas
remueva hasta lo más profundo, hasta el fondo,
y el pasado salga a la superficie para liberarlo
con el único fin de buscar la paz y la calma...

Así, todo el río seguirá su camino libre...
hacia el mar...
después de haber abandonado.
sus resistencias en las aguas.

43 - EL ALMA

El alma
es el poder y es la fuerza,
es el Fuego del Espíritu,
que, emanando sin cesar,
se impregna aquí, en la materia.

Es el árbol de la luz,
que en la Tierra se ha sembrado,
para que, al dar buenos frutos,
ilumine a todo el árbol.

Es la mirada de un niño,
que refleja su inocencia.

Es el río,
que naciendo allá en la cumbre,
arrastra todo a su paso
y, con su paciencia, espera
llegar hasta el Océano.

Es la viajera de los mundos.
Es el Alfa...
que, buscando sin cesar,
espera unirse al Omega.

44 - EL ALMA ENAMORADA

El Amor
es la experiencia de la vida
que respira enamorada.

Es el amanecer del día
cuando el sol se desperezа
y aparece allá en el alba.

Es la Esencia, que permanece inalterable
más allá de la mirada.

Es la luz en el ocaso,
que con múltiples colores,
despide al sol, al atardecer del alma.

Es el precioso Arco Iris que te anuncia
El "Pacto de Amor" que Dios hizo contigo
para regresar a casa.

Es el atizado fuego…

Es el agua... cristalina, transparente
que refleja, limpiamente,
el Amor que hay en tu alma.

Es “VER” con los Ojos del Espíritu...
la inocencia, el perdón y la perlas derramadas…

Es la gozosa alegría de caminar por los senderos
de luz…

Es el gran Amor del alma, que se fundió con el
alma…

Es el CRISTO que se funde con el DIOS,
porque ganó la batalla…

45 - AMAR ¿PARA QUÈ?

Amar ¿para qué?

Para sentirte feliz, dichoso, en paz
y sentirte amado…

Cambiarte... para cambiar.

Comprenderte... para comprender.

Aceptarte... para aceptar.

Respetarte... para respetar.

Liberarte... para liberar.

Reírte... para gozar.

Amarte... para amar.

46 - EL VERDADERO AMOR

El verdadero amor
se expresa como es,
deja al otro en absoluta libertad,
te concede tu espacio,
no se ata a nada ni a nadie,
vive y deja vivir,
para que seas siempre tú,
sin dependencia ni esclavitud,
sin que al dejarte el otro,
te sientas víctima del desamparo.

El verdadero amor
crece y deja crecer,
jamás impide que des "tus pasos",
al contrario, prepara el terreno,
para que al final, en tu meta,
te sientas feliz y plenamente realizado.

El verdadero amor
no te incita a que crees culpa ni resentimiento,
ni dolor, ni castigo, ni sufrimiento,
da por el gusto de dar,
nunca espera de nadie el regalo,

comprende la posición del otro,
si lo llamas
siempre está dispuesto a tenderte su mano.

El verdadero amor
crece libre de tensiones, de ansiedad o de
arrogancia, se autoestima, se ayuda,
vive el momento presente con calma.

El verdadero amor
no compara, no critica, no juzga,
no duda, no envidia, no rechaza,
es honesto y tolerante,
es paciente y tiene confianza.

El verdadero amor
toma conciencia de todo lo que ve,
no huye... se detiene,
observa,
comprende,
vuelve a tomar conciencia,
acepta, asume, integra, respeta y... ama.

Lo demás... no es amor.
Lo otro... es una ilusión, una trampa,

una trama, un engaño,
es querer, es posesión, es deseo, es apego,
es un mecanismo del Ego que te sigue controlando,
que mantuvo, por un tiempo, tu barca a la deriva,
naufragando en el olvido, el desamor
y el desencanto…

El amor verdadero
vive plácida y serenamente “el aquí y el ahora”,
gozando en la verdad y la vida del alma,
se siente profundamente agradecido al Universo,
proclama la inocencia,
abandona la farsa,
perdona el pasado,
mira al frente, sin mirar atrás,
pone el timón en las Manos de Dios
y Dios, con todo su infinito amor... dirige su barca.

47 - BUSQUÉ

Busqué con ardor aquello que olvidé
y que yo era: Amor perfecto,
sin darme cuenta siquiera,
de que buscaba en el afuera
el reflejo de mi adentro.

Hoy he sabido un dulce secreto:
Siempre fui, he sido y seré Amor Eterno.

48 - EN EL CAMINO

El Espíritu jamás puede abandonarte,
te abraza continuamente
las veinticuatro horas, que en apariencia
contiene un espacio de tiempo inexistente.

Tú eres Luz y Amor Divinos,
te olvidaste de tu Esencia en el trayecto
y, al cambiar de estado,
surgió la polaridad y, con ella la razón
que te adentró en el laberinto del tormento.

¿Que sucedió entonces?
Sucedió que, al distorsionar tu mirada,
proyectaste desde adentro,
fruto de tu estado interno.

Cuando despiertes del sueño,
desintegres todo el daño, que en ti habita,
y conectes con la trama,
hallarás ese precioso y sutil hilo
que conforma tu gran mapa.

Se abrirá tu semillita,
se expandirá por el alba
y verás todo tu árbol
cuajado de maravillas,
con sus flores, bien abiertas,
con sus deliciosos frutos,
y con sus frondosas ramas.

Entonces comprenderás
que tú eres la emanación
de un Poderoso Árbol,
que, por amor, desprendió toda su luz
para que tú... despertaras.

49 - LA SEMILLA

Esa pequeña semilla,
que latiendo está en El Centro,
es la Esencia,
que permanece dormida,
esperando ser despierta.

Espacio del Sol ardiente
y mirada sutil, en lo terreno.

Es la estrella que te guía
hacia el Infinito eterno.

Es el puente luminoso
que atiza al dorado Fuego.

Es la Luz pequeña y tenue
que aguarda su alumbramiento.

Es el Corazón de la misma Vida
donde se expande el misterio.

Es la magia que derrocha
el Amor por el sendero.

Y ese fructífero árbol,
ya naciente,
ha de expandirse, a derroche,
saltando las mil fronteras
que eviten su crecimiento,
porque es la llave que abre
el Corazón de lo eterno.

50 - TODO ESTÁ UNIDO

Todo está unido.
Todo está conexionado.
Todo forma un campo de conciencia
perfectamente ordenado.

Nada es inútil, nada queda aislado.
En el proceso de manifestación,
nada se pierde, todo emana,
y todo queda registrado.
Impulsa, pues, tu vida hacia un estado superior,
cada vez más sublime y elevado.

Toda lo vivido es experiencia,
unida a las vidas del pasado.
El alma reclamó esas vivencias
con el único propósito de recordar,
para recolocar las piezas del rompecabezas
y, con el cumplimiento de la ley Divina...
"ascender" y conseguir "ese Logro" tan buscado.

51 - EN TODO ESTÁS TÚ

Al amanecer,
cuando el gallo canta
anunciando un hermoso día...
Ahí estás tú.

En el día,
en la luz que brilla en lo más alto,
en el árbol, en el mar, en el pájaro, en el río
y en todo lo que manifiesta la fantástica creación...
Ahí estás tú.

En el atardecer,
cuando el sol se funde en el ocaso,
escondiendo su maravillosa luz,
entre preciosos y brillantes colores...
Ahí estás tú.

En el amanecer,
en el día,
en el árbol,
en el río,
en el pájaro,
en el atardecer,
y en todo lo visible e invisible...
Ahí estás tú.

52 - TÚ... ERES EL CAMINO

Tú eres el camino...
¡Abre las ventanas de tu alma
hacia un nuevo amanecer!

Tú eres el camino...
¡Despierta tu corazón dormido
y descubre la maravilla de su gloria!

Tú eres el camino...
¡Comienza una nueva andadura
en el alba de lo Divino!
Asiéntate en su regazo.

Tú eres el camino...
¡Conócete a ti mismo!
Busca el impresionante tesoro
donde encontrarás las maravillas...
Piedras preciosas y auténticos diamantes...
Ahí encontrarás la Verdad y la Vida...
Tú eres el camino…

53 - TU FELICIDAD

Tu felicidad...
depende de ti.

Tu felicidad...
es una elección
de cada momento.

Nadie puede darte nada.

Nada existe…

Sólo tú y tu reflejo.

54 - EN EL PRINCIPIO

En el Principio era el Verbo,
Él estuvo y está en el inicio de la Vida...
La idea, el pensamiento,
la palabra que la Luz ya poseía...

Dios Mismo que, al expresar su infinito Amor,
sin palabras,
con Su Fuerza y Su Poder, creaba...
y de ahí una radiante realidad ya le nacía…

El Padre-Madre Divino,
todo Amor no manifiesto,
fue, es y será el Principio de la Vida,
decide y elige dejar de ser ilimitado
y emana, siendo también Dios,
hacia el Universo, limitándose,
para terminar materializándose en la obra requerida.

Allí, cual Chispa regalada del inmenso Fuego,
en el corazón, convertido en ser humano,
aguarda y espera con paciencia,
que esa Chispa se reavive...

Así, la llamita se hará una gran llama
que, transformada en Hijo, otro estado de Dios,
podrá, por fin, regresar a su partida.

En esta transición, suplica al grandioso cielo
que necesita la ayuda que precisa
y, él, al oír la petición,
al Espíritu-Santo, también Dios,
como mediador para ayudar, le envía.

El Hijo ha sufrido intensamente
allí donde la oscuridad le sorprendía...
pero todo ese sufrimiento lo reclamó su alma,
como oportunidad
para llegar a no encontrar satisfacción
en nada externo y,
desde ahí, dar la vuelta,
regresando al "Corazón de luz" que,
en un instante fue olvidado y que, al recordarlo...
le impulsó, una desconocida fuerza,
a retornar a su partida.

55 - EL ÁRBOL

Soy un punto de luz bailando
en el infinito espacio de un gran Universo.
Me muevo al ritmo de la vida,
buscando un nuevo mundo,
y anido allí, formando un árbol,
donde voy a encontrar la experiencia necesaria
como oportunidad precisa del momento.

De la Luz, que fue olvidada en el trayecto,
pasé a dividir el árbol en dos mitades,
el bien y el mal,
surgido del discernimiento...

Fui pasando gradualmente a la oscuridad,
quedando, en ella, aprisionada,
presa de locura y desaliento.

Mi árbol se tambaleó una y mil veces
desconociendo la causa de su desdicha
y su tormento...

Aceptaba la Luz,
rechazaba las sombras...
sin darme cuenta
de que yo era todo el árbol,

yo raíz, la oscuridad, donde estaba el daño...
yo ramas, yo flores, yo fruto... la Luz.

Yo era la Luz…

Yo era la oscuridad...

Yo era el árbol completo.

56 - VIBRAR... DANZAR... FLUIR

Regar con pensamientos dulces el Universo.

Bailar, expandida, con la lluvia o con el sol.

Vibrar, intensamente, con lo que captan tus sentidos.

Penetrar, a fondo, en el corazón interior de todo lo existente.

Todo ello y mucho más…
es danzar sutilmente y fluir con las alas del amor.

57 - EL OBSERVADOR

Tú eres el Testigo, el Maestro, el observador de
todo lo observado...
Tú eres la mañana que brilla como el sol...
Tú eres el amanecer y el anochecer,
cuando la luz se disipa en el ocaso...
Tú eres la alegría de los mundos...
Tú eres el niño más amado…

Tú eres la estrella reluciente...
Tú eres el perfume derramado...
Tú eres el aliento del Aliento...
Tú eres la suave brisa que respira el Océano...
Tú eres el faro que ilumina
al peregrino de los mares...
Tú eres la inocencia de un corazón inmaculado...
Pero... Tú tienes al Amor encarcelado.

Rompe, para siempre, las cadenas en que
tu mente te tiene aprisionado.
Tu mente presentó la trampa
y tú seguiste sus dictados…
Sal de la limitación que decidiste,
porque tú eres un Ser ilimitado...

Con toda tu conciencia y voluntad,
sitúate en la cima del Amor,
como Observador de todo lo observado.

Desde allí, en soledad y en el silencio,
mira, con detenimiento y, "ve" todas las sombras
que te tienen atrapado…

Podrás experimentar todo el Ser... ya que jamás
estuviste separado.
Tú eres un rayito de luz del Gran Sol...,
que tras haber permanecido en la cárcel y, conocer
la esclavitud,
elige y decide, aquí y ahora, el liberarse o seguir
encarcelado.

Si optas por la independencia,
podrás danzar con las ondas y con el viento,
al ritmo que la música de la vida
te vaya presentando...
y, agradecido, cantarás, con gozo, el disfrute de
sentirte... liberado.

58 - CABALGA

Cabalga, por el infinito, en tu blanco corcel,
sorteando luceros,
divisando valles,
surcando estrellas.

Observa el Universo,
desde arriba,
desde las alturas,
¡cuántos caminos existen…!,
¡cuántas sendas!

Desde lo alto de la cima,
ves, con claridad,
el Principio de todo lo existente
y los hilos que surgen de lo invisible
y, emanando con mucho amor, llegan a la Tierra.

59 - BRILLA

Dios brilla dentro de ti
y cuando halles la luz
podrás experimentar
la paz, la dicha, el amor,
el gozo y la alegría
de sentirte junto a Dios.

Y entenderás desde ahí
lo que tú no comprendías
y verás con claridad
el amanecer de un día...

También el anochecer
será hermoso para ti...
y el día cuando es tal día,
pues cuando sientas así
tu amor por todo será tan fuerte
que encontrarás la alegría
de vivir eternamente.

Serás reflejo de Dios y,
como si un brillante fuera...
iluminarás al mundo
resplandeciendo por fuera...

Y serás la imagen viva
de una condición interna
de luz, de fuego, de amor,
de paz, de dicha... de fuerza.

60 - EL ESPEJO RELUCIENTE

¿Qué siente tu corazón en mi compañía?
¿Qué registro del pasado...
revive un nuevo amanecer?
¿Qué resurge de ti para prestarle toda tu atención
en este instante?
¿Acaso no es tu luz la que te guía?
¿Y no es un reflejo de ti lo que ves en mí?
No te engañes más...
Yo soy como tú...
Tú eres como yo...
Cuando me miras te ves en el espejo...
Cuando te observo... me veo en ti.

¿Qué nace de lo más profundo de tu corazón?
¿Acaso no es el verdadero Amor, despojado de un
envoltorio de esclavizados miedos,
incluido el abandono...?

No temas... es normal que sea eso.
Ha llegado el final del inexistente tiempo.
Nuestro auténtico Padre nos aguardaba,
con los brazos abiertos,
desde que partimos de nuestro verdadero hogar...

El abrazo con Él será el final de un nuevo principio…

Los “hijos perdidos” por fin regresan
a su añorado hogar…

El verdadero Amor disolvió las elaboradas
sombras…

Con la Luz todo resplandece…

Con el Amor todo el espacio se llena…

Amor y luz es lo que Soy…

Amor y luz es lo que Eres.

61 - ¿QUIEN ERES TÚ?

TÚ ERES LA EMANACIÓN DEL PADRE
aquí en la Tierra.

TÚ ERES EL HIJO, cuando decides volver,
cuando regresas.

TÚ ERES LA CHISPA INMACULADA
que aviva la llama del Fuego
en contacto con el agua de la Fuente…

TÚ ERES EL ESPIRITU SANTO
que abre el cofre de diamantes
donde reposan las esmeraldas, los rubíes y las
perlas del fantástico tesoro que posees…

TODO ESTÁ EN TI aguardando,
esperando que lo encuentres,
entonces, una vez hallado,
la Luz se fundirá con el Amor,
con el perdón y la inocencia de la mano.

Y juntos regresarán en Unidad
al caliente hogar del Fuego inmaculado.

62 - AL FINAL DE LOS TIEMPOS

Al final de los tiempos,
cuando el luminoso amanecer llega,
la vieja y oxidada llave,
regalada por Jesús y María,
abre, con todo su amor,
una hermosa y sutil puerta.

Tras ella, DIOS ESPÍRITU
se topa con DIOS MATERIA,
y se funden presurosos
en un infinito abrazo
que a la eternidad los lleva…

Todo fue hecho en el Cielo
y trabajado en la Tierra...
TODO es UNO,
Aquello y Esto sucedió que,
al cambiar de estado, en la caída,
perdimos ESA CONCIENCIA.

NOS OLVIDAMOS...
Nos sumimos en un profundísimo sueño
y la ilusión nos hizo soñar a ciegas.

Hoy, al despertar del sueño,
donde hubo tenebrosas pesadillas...
todo regresa a su meta…
EL PADRE, en forma de chispa,
llamado HIJO, que, por amor se limitó
y eligió vivir esa experiencia,
retorna al fin a su Casa,
al hogar del Fuego Ardiente
y LA MADRE en sus brazos...
AL HIJO NACIDO LLEVA…

El Cielo se viste de gala,
celebrando una gran fiesta...
EL HIJO, que anduvo perdido,
al atardecer de un hermoso día...
con toda su luz... regresa.

Jesús fue su gran Maestro
en el camino de vuelta.

63 - CAMINANTE PEREGRINO

Caminante peregrino, ¿qué buscas?
Busco al Ser, a lo Eterno.
¿Afuera, en la superficie?
No has de encontrarlo.
Ahí sólo hallarás culpa, dolor y sufrimiento.

Entonces... ¿qué he de hacer?
Mira en tu interior, en tu preciado y dorado Centro.
Ahí encontrarás tu magnífico tesoro en lo más
profundo del adentro,
ahí alcanzarás la paz....
desaparecerá de tu vida el desaliento,
para siempre se esfumará con lo sutil del viento…

Vive el "aquí y el ahora", el presente, el momento...
Ese instante es la Presencia de todo tu Ser...
Es... la más pura Esencia.
Pero nunca olvides:
que el Ser es...
la Unidad...
lo visible y lo invisible...
la conexión del afuera y el adentro.

64 - A MI GRANADA

Granada... poderosa, transparente, increíble,
impresionante... mágica,
grandeza radiante... luminosa...
fascinante el brillo que desprendes
entre lo mora y lo cristiana…

Granada...
envuelta en un halo de preciosos amores
de luces y sombras
que irradian belleza
desde el anochecer hasta el alba.

La luz del sol resplandece
sobre la nieve que de tu pureza emana.
Por ahí conectas con el fantástico cielo
que dibuja mil colores
cuando el sol se va a la cama.

Y al despertarte
y desperezarte del profundo sueño,
avisas, jubilosa y encantada,
expresando tu hermosura
con el gallo cuando canta.

Dar a conocer deseas
ese impresionante espectáculo
que el Universo regala.

Y es que tú... mi Granada
eres un maravilloso cuadro
con un fantástico marco de oro,
cuajado de rubíes y esmeraldas.

Y dentro del marco
un increíble y riquísimo tapiz
se expande con mucha gracia...
Dentro del tapiz posees un cofre
cuyas perlas desparramas...
Es un tesoro escondido
que guardas en tus entrañas.

La llave la tienes tú,
y cuando le des la vuelta
se abrirá la sutil puerta,
se desplegará la magia…

Y es que tú, mi Granada,
no tienes desperdicio alguno,
de ti... la riqueza habla.

Eres todo corazón,
que el Gran Corazón emana…

Dios despliega Su Gran Fuego de Amor
y en chispas de mucha luz,
con plena fuerza y poder
manifiesta SU MIRADA.

Verte, observarte, es un placer para el alma...
quisiera abrazarte siempre...
¡Ay... mi Granada!

www.ingramcontent.com/pod-product-compliance
Lightning Source LLC
LaVergne TN
LVHW091113150826
845673LV00002B/810